Guia de Estudio Para la Ciudadania Americana

128 Preguntas y Respuestas
Espanol
2020

D1372969

Guia de Estudio Para la Ciudadanía Americana

128 Preguntas y Respuestas
Espanol

2020

•Yonah Publishing•

Guia de Estudio Para la Ciudadania Americana:
128 Preguntas y Respuestas - 2020

By Jeffrey B. Harris

Copyright © December 2020
Alpharetta, Georgia

Introduction

In order to become a citizen of the united states, there are four tests that you must pass:

1. Speaking Test

2. Reading Test

3. Writing Test

4. Civics Test

Guess which one this book pertains to? Yes, civics. There are 128 potential questions that will be asked on the civics portion of the naturalization test. Usually, only 20 questions are asked, and you must answer 12 correctly. This book is set up to act as a study guide. The first half contains the questions and the second half contains the answers. you should write down the answer in the space provided once you truly know it. Good luck!

Introducción

Con el fin de convertirse en un ciudadano de los Estados Unidos , hay cuatro pruebas que debe pasar :

1. Hablando de Prueba

2. Lectura de Prueba

3. Prueba de Escritura

4. Prueba de Civismo

Supongo que se refiere a este libro? Sí, civismo. Hay 128 preguntas posibles que se le realizarán en la porción cívica del examen de naturalización. Por lo general, se les pide sólo <u>20</u> preguntas, y hay que responder correctamente <u>12</u>. Este libro está configurado para actuar como una guía de estudio. La primera mitad contiene las preguntas y la segunda parte contiene las respuestas. Usted debe escribir la respuesta en el espacio correspondiente una vez que realmente lo sepa. Buena suerte!

Preguntas

1. ¿Cuál es la forma de gobierno de los Estados Unidos?

2. ¿Cuál es la ley suprema del país? *

3. Nombra una cosa que hace la Constitución de los Estados Unidos.

4. La Constitución de los Estados Unidos comienza con las palabras "Nosotros, el pueblo". ¿Qué significa "Nosotros la gente"?

5. ¿Cómo se hacen los cambios a la Constitución de los Estados Unidos?

6. ¿Qué protege la Declaración de Derechos?

7. ¿Cuántas enmiendas tiene la Constitución de los Estados Unidos? *

8. ¿Por qué es importante la Declaración de Independencia?

9. ¿Qué documento fundacional dijo que las colonias americanas estaban libres de Gran Bretaña?

10. Nombra dos ideas importantes de la Declaración de Independencia y la Constitución de los Estados Unidos.

11. ¿En qué documento fundacional se encuentran las palabras "Vida, libertad y búsqueda de la felicidad"?

12. ¿Cuál es el sistema económico de Estados Unidos? *

13. ¿Qué es el estado de derecho?

14. Muchos documentos influyeron en la Constitución de Estados Unidos. Nombra uno.

15. Hay tres ramas del gobierno. ¿Por qué?

16. Nombre las tres ramas del gobierno.

17. ¿El presidente de los Estados Unidos está a cargo de qué rama del gobierno?

18. ¿Qué parte del gobierno federal redacta leyes?

19. ¿Cuáles son las dos partes del Congreso de los Estados Unidos?

20. Nombre un poder del Congreso de los Estados Unidos. *

21. ¿Cuántos senadores estadounidenses hay?

22. ¿Cuánto tiempo dura el mandato de un senador de los Estados Unidos?

23. ¿Quién es uno de los senadores estadounidenses de su estado ahora?

24. ¿Cuántos miembros votantes hay en la Cámara de Representantes?

25. ¿Cuánto tiempo dura el mandato de un miembro de la Cámara de Representantes?

26. ¿Por qué los representantes de EE. UU. Sirven períodos más breves que los senadores de EE. UU.?

27. ¿Cuántos senadores tiene cada estado?

28. ¿Por qué cada estado tiene dos senadores?

29. Nombre a su representante de EE. UU.

30. ¿Cómo se llama ahora el presidente de la Cámara de Representantes? *

31. ¿A quién representa un senador de los Estados Unidos?

32. ¿Quién elige a los senadores estadounidenses?

33. ¿A quién representa un miembro de la Cámara de Representantes?

34. ¿Quién elige a los miembros de la Cámara de Representantes?

35. Algunos estados tienen más representantes que otros estados. ¿Por qué?

36. ¿El presidente de los Estados Unidos es elegido por cuántos años? *

37. El presidente de los Estados Unidos solo puede cumplir dos mandatos. ¿Por qué?

38. ¿Cuál es el nombre del presidente de los Estados Unidos ahora? *

39. ¿Cuál es el nombre del vicepresidente de los Estados Unidos ahora? *

40. Si el presidente ya no puede servir, ¿quién se convierte en presidente?

41. Nombra un poder del presidente.

42. ¿Quién es el Comandante en Jefe del ejército de los Estados Unidos?

43. ¿Quién firma los proyectos de ley para convertirse en leyes?

44. ¿Quién veta los proyectos de ley? *

45. ¿Quién nombra a los jueces federales?

46. El poder ejecutivo tiene muchas partes. Nombra uno.

47. ¿Qué hace el Gabinete del Presidente?

48. ¿Cuáles son dos puestos a nivel de gabinete?

49. ¿Por qué es importante el Colegio Electoral?

50. ¿Qué es una parte del poder judicial?

51. ¿Qué hace el poder judicial?

52. ¿Cuál es el tribunal más alto de los Estados Unidos? *

53. ¿Cuántos escaños hay en la Corte Suprema?

54. ¿Cuántos jueces de la Corte Suprema se necesitan normalmente para decidir un caso?

55. ¿Cuánto tiempo sirven los jueces de la Corte Suprema?

56. Los jueces de la Corte Suprema sirven de por vida. ¿Por qué?

57. ¿Quién es el presidente del Tribunal Supremo de los Estados Unidos ahora?

58. Nombra un poder que sea exclusivo del gobierno federal.

59. Nombra un poder que sea solo para los estados.

60. ¿Cuál es el propósito de la Décima Enmienda?

61. ¿Quién es el gobernador de su estado ahora? *

62. ¿Cuál es la capital de su estado?

63. Hay cuatro enmiendas a la Constitución de los Estados Unidos sobre quién puede votar. Describe uno de ellos.

64. ¿Quién puede votar en las elecciones federales, postularse para un cargo federal y formar parte de un jurado en los Estados Unidos?

65. ¿Cuáles son los tres derechos de todas las personas que viven en los Estados Unidos?

66. ¿A qué mostramos lealtad cuando decimos el Juramento a la Bandera? *

67. Nombra dos promesas que los nuevos ciudadanos hacen en el Juramento de Lealtad.

68. ¿Cómo pueden las personas convertirse en ciudadanos estadounidenses?

69. ¿Cuáles son dos ejemplos de participación cívica en los Estados Unidos?

70. ¿Cuál es una forma en que los estadounidenses pueden servir a su país?

71. ¿Por qué es importante pagar impuestos federales?

72. Es importante que todos los hombres de entre 18 y 25 años se inscriban en el Servicio Selectivo. Nombra una razón por la cual.

73. Los colonos llegaron a América por muchas razones. Nombra uno.

74. ¿Quiénes vivían en América antes de la llegada de los europeos? *

75. ¿Qué grupo de personas fueron capturadas y vendidas como esclavas?

76. ¿Qué guerra pelearon los estadounidenses para independizarse de Gran Bretaña?

77. Nombra una razón por la que los estadounidenses declararon su independencia de Gran Bretaña.

78. ¿Quién escribió la Declaración de Independencia? *

79. ¿Cuándo se adoptó la Declaración de Independencia?

80. La Revolución Americana tuvo muchos eventos importantes. Nombra uno.

81. Había 13 estados originales. Nombre cinco.

82. ¿Qué documento fundacional se redactó en 1787?

83. Los Federalist Papers apoyaron la aprobación de la Constitución de los Estados Unidos. Nombra a uno de los escritores.

84. ¿Por qué fueron importantes los Federalist Papers?

85. Benjamin Franklin es famoso por muchas cosas. Nombra uno.

86. George Washington es famoso por muchas cosas. Nombra uno.*

87. Thomas Jefferson es famoso por muchas cosas. Nombra uno.

88. James Madison es famoso por muchas cosas. Nombra uno.

89. Alexander Hamilton es famoso por muchas cosas. Nombra uno.

90. ¿Qué territorio le compró Estados Unidos a Francia en 1803?

91. Nombra una guerra que libró Estados Unidos en el siglo XIX.

92. Nombra la guerra de Estados Unidos entre el Norte y el Sur.

93. La Guerra Civil tuvo muchos acontecimientos importantes. Nombra uno.

94. Abraham Lincoln es famoso por muchas cosas. Nombra uno.*

95. ¿Qué hizo la Proclamación de Emancipación?

96. ¿Qué guerra de Estados Unidos terminó con la esclavitud?

97. ¿Qué enmienda otorga la ciudadanía a todas las personas nacidas en los Estados Unidos?

98. ¿Cuándo obtuvieron todos los hombres el derecho al voto?

99. Nombre una líder del movimiento por los derechos de la mujer en el siglo XIX.

100. Nombra una guerra que libró Estados Unidos en el siglo XX.

101. ¿Por qué Estados Unidos entró en la Primera Guerra Mundial?

102. ¿Cuándo obtuvieron todas las mujeres el derecho al voto?

103. ¿Qué fue la Gran Depresión?

104. ¿Cuándo comenzó la Gran Depresión?

105. ¿Quién fue presidente durante la Gran Depresión y la Segunda Guerra Mundial?

106. ¿Por qué Estados Unidos entró en la Segunda Guerra Mundial?

107. Dwight Eisenhower es famoso por muchas cosas. Nombra uno.

108. ¿Quién fue el principal rival de Estados Unidos durante la Guerra Fría?

109. Durante la Guerra Fría, ¿cuál fue la principal preocupación de Estados Unidos?

110. ¿Por qué Estados Unidos entró en la Guerra de Corea?

111. ¿Por qué Estados Unidos entró en la guerra de Vietnam?

112. ¿Qué hizo el movimiento de derechos civiles?

113. Martin Luther King, Jr. es famoso por muchas cosas. Nombra uno.*

114. ¿Por qué Estados Unidos entró en la Guerra del Golfo Pérsico?

115. ¿Qué evento importante ocurrió el 11 de septiembre de 2001 en los Estados Unidos? *

116. Nombra un conflicto militar de Estados Unidos después de los ataques del 11 de septiembre de 2001.

117. Nombra una tribu de indios americanos en los Estados Unidos.

118. Mencione un ejemplo de una innovación estadounidense.

119. ¿Cuál es la capital de Estados Unidos?

120. ¿Dónde está la Estatua de la Libertad?

121. ¿Por qué la bandera tiene 13 franjas? *

122. ¿Por qué la bandera tiene 50 estrellas?

123. ¿Cómo se llama el himno nacional?

124. El primer lema de la nación fue "E Pluribus Unum". Qué significa eso?

125. ¿Qué es el Día de la Independencia?

126. Nombra tres feriados nacionales de EE. UU. *

127. ¿Qué es el Día de los Caídos?

128. ¿Qué es el Día de los Veteranos?

Respuestas

1. República
República federal constitucional
Democracia representativa

2. Constitución (de EE. UU.)

3.forma el gobierno
Define los poderes del gobierno
Define las partes del gobierno
Protege los derechos de las personas

4.Autogobierno
Soberanía popular
Consentimiento de los gobernados
La gente debería gobernarse a sí misma

(Ejemplo de) contrato social

5.Enmiendas
El proceso de enmienda

6. Los derechos (básicos) de los estadounidenses
Los derechos (básicos) de las personas que viven en
los Estados Unidos

7. veintisiete (27)

8. Dice que Estados Unidos está libre del control
británico.
Dice que todas las personas son iguales.
Identifica derechos inherentes.
Identifica las libertades individuales.

9.Declaración de Independencia

10.igualdad
Libertad
Contrato social
Derechos naturales
Gobierno limitado
Autogobierno

11.Declaración de Independencia

12 capitalismo
Economía de mercado libre

13. Todos deben seguir la ley.
Los líderes deben obedecer la ley.
El gobierno debe obedecer la ley.
Nadie está por encima de la ley.

14 Declaración de Independencia
Artículos de la confederación
papeles Federalistas
Papeles anti-federalistas
Declaración de derechos de Virginia
Órdenes fundamentales de Connecticut
Mayflower Compact
Gran ley de paz iroquesa

15.Así que una parte no se vuelve demasiado poderosa
Cheques y balances
Separación de poderes

16 Legislativo, ejecutivo y judicial
Congreso, presidente y tribunales

17 Rama ejecutiva

18. Congreso (EE. UU.)
Legislatura (estadounidense o nacional)
Poder Legislativo

19 Senado y Cámara (de Representantes)

20.Escribe leyes

Declara la guerra
Hace que el presupuesto federal

21 cien (100)

22. Seis (6) años

23.Las respuestas variarán. [Los residentes del Distrito
de Columbia y los residentes de los territorios de EE.
UU. Deben responder que D.C. (o el territorio donde
vive el solicitante) no tiene senadores de EE. UU.]

24.- Cuatrocientos treinta y cinco (435)

25.Dos (2) años

26 Seguir más de cerca a la opinión pública

27.Dos (2)

28.Igual representación (para estados pequeños)
El Gran Compromiso (Compromiso de Connecticut)

29 Las respuestas variarán.

30. Visite uscis.gov/citizenship/testupdates para obtener
el nombre del presidente de la Cámara de
Representantes.

31 Ciudadanos de su estado

32 Ciudadanos de su estado

33 Ciudadanos en su distrito (del Congreso)
Ciudadanos de su distrito

34 Ciudadanos de su distrito (del Congreso)

35. (Debido a) la población del estado
(Porque) tienen más gente
(Porque) algunos estados tienen más gente

36.Cuatro (4) años

37. (Debido a) la 22ª Enmienda
Para evitar que el presidente se vuelva demasiado poderoso

38. Visite uscis.gov/citizenship/testupdates para conocer el nombre del presidente de los Estados Unidos.

39. Visite uscis.gov/citizenship/testupdates para conocer el nombre del vicepresidente de los Estados Unidos.

40. El Vicepresidente (de los Estados Unidos)

41 Firma proyectos de ley
Veta proyectos de ley
Hace cumplir las leyes
Comandante en Jefe (de las fuerzas armadas)

Diplomático jefe

42 El presidente (de los Estados Unidos)

43 El presidente (de los Estados Unidos)

44 El presidente (de los Estados Unidos)

45 El presidente (de los Estados Unidos)

46.President (de los Estados Unidos)
Gabinete
Departamentos y agencias federales

47 Aconseja al presidente (de los Estados Unidos)

48 Abogado General
Secretario de Agricultura
Secretaria de comercio
secretario de Defensa
Secretaria de educación
Secretaria de energía
Secretario de Salud y Servicios Humanos
Secretario de Seguridad Nacional
Secretaría de Vivienda y Urbanismo
Secretario del interior
Secretaria de trabajo
secretario de Estado
Secretaria de transporte
secretario del Tesoro
Secretario de Asuntos de Veteranos

Vicepresidente (de los Estados Unidos)

49. Decide quién es elegido presidente.
Proporciona un compromiso entre la elección popular
del presidente y la selección del Congreso.

50 Corte Suprema
Tribunales federales

51. Revisa las leyes
Explica las leyes
Resuelve disputas (desacuerdos) sobre la ley.
Decide si una ley va en contra de la Constitución (de
EE. UU.)

52 Corte Suprema

53 Nueve (9)

54.Cinco (5)

55. (Por) vida
Cita de por vida
(Hasta) jubilación

56 Ser independiente (de la política)
Para limitar la influencia (política) externa

57. Visite uscis.gov/citizenship/testupdates para
conocer el nombre del Presidente del Tribunal Supremo
de los Estados Unidos.

58.Imprimir papel moneda
Monedas de menta
Declarar la guerra
Crea un ejército
Hacer tratados
Establecer política exterior

59 Proporcionar escolarización y educación
Brindar protección (policía)
Proporcionar seguridad (departamentos de bomberos)
Dar una licencia de conducir
Aprobar la zonificación y el uso de la tierra

60. (Señala que los) poderes no otorgados al gobierno federal pertenecen a los estados o al pueblo.

61.Las respuestas variarán. [Los residentes del Distrito de Columbia deben responder que D.C. no tiene gobernador].

62.Las respuestas variarán. [Los residentes del Distrito de Columbia deben responder que D.C. no es un estado y no tiene capital. Los residentes de territorios de EE. UU. Deben nombrar la capital del territorio.]

63 Ciudadanos mayores de dieciocho (18) años (pueden votar).
No tiene que pagar (un impuesto de votación) para votar.

Cualquier ciudadano puede votar. (Las mujeres y los hombres pueden votar).
Un ciudadano de sexo masculino de cualquier raza (puede votar).

64 Ciudadanos
Ciudadanos de los Estados Unidos
ciudadanos estadounidenses

65 Libertad de expresión
Libertad de expresión
La libertad de reunion
Libertad para presentar peticiones al gobierno
Libertad de religión
el derecho a portar armas

66 Los Estados Unidos
La bandera

67 Renunciar a la lealtad a otros países
Defiende la Constitución (de EE. UU.)
Obedece las leyes de los Estados Unidos
Sirva en el ejército (si es necesario)
Servir (ayudar, hacer un trabajo importante para) la nación (si es necesario)
Sea leal a los Estados Unidos

68 Naturalizar
Derivar ciudadanía
Nacer en los estados unidos

69. Votar
Postularse para un cargo
Únete a un partido político
Ayuda con una campaña
Únete a un grupo cívico
Únete a un grupo comunitario
Darle a un funcionario electo su opinión (sobre un tema)
Contactar a los funcionarios electos
Apoyar u oponerse a un problema o política
Escribir a un periódico

70. Votar
Pagar impuestos
Obedecer la ley
Servir en el ejército
Postularse para un cargo
Trabajar para el gobierno local, estatal o federal

71 Requerido por la ley
Todas las personas pagan para financiar el gobierno
federal.
Requerido por la Constitución de (EE.UU.) (Enmienda
16)
Deber cívico

72 Requerido por ley
Deber cívico
Hace que el borrador sea justo, si es necesario

73 Libertad

Libertad política
Libertad religiosa
Oportunidad económica
Escapar de la persecución

74 Indios americanos
Nativos americanos

75 africanos
Gente de Africa

76 Revolución americana
La guerra revolucionaria (estadounidense)
Guerra por la independencia (estadounidense)

77.Altos impuestos
Impuestos sin representación
Los soldados británicos se quedaron en las casas de
los estadounidenses (alojamiento, acuartelamiento)
No tenían autogobierno
Masacre de Boston
Boston Tea Party (Ley del té)
Ley de sellos
Ley del azúcar
Actas de Townshend
Actos intolerables (coercitivos)

78. (Thomas) Jefferson

79 4 de julio de 1776

80. (Batalla de) Bunker Hill
Declaración de la independencia
Washington cruzando el Delaware (Batalla de Trenton)
(Batalla de) Saratoga
Valley Forge (Campamento)
(Batalla de) Yorktown (rendición británica en Yorktown)

81. Nueva Hampshire
Massachusetts
Rhode Island
Connecticut
Nueva York
New Jersey
Pennsylvania
Delaware
Maryland
Virginia
Carolina del Norte
Carolina del Sur
Georgia

82. Constitución de Estados Unidos

83. (James) Madison
(Alexander) Hamilton
(Juan) Jay
Publius

84. Ayudaron a las personas a comprender la
Constitución (de los EE. UU.)
Apoyaron la aprobación de la Constitución (de EE. UU.).

85.Fundó las primeras bibliotecas públicas gratuitas
Primer Director General de Correos de los Estados
Unidos
Ayudó a escribir la Declaración de Independencia
Inventor
Diplomático estadounidense

86. "Padre de nuestra patria"
Primer presidente de los Estados Unidos
General del Ejército Continental
Presidente de la Convención Constitucional

87 Escritor de la Declaración de Independencia
Tercer presidente de los Estados Unidos
Duplicó el tamaño de los Estados Unidos (compra de
Luisiana)
Primer Secretario de Estado
Fundó la Universidad de Virginia
Escritor del Estatuto de Virginia sobre Libertad Religiosa

88. "Padre de la Constitución"
Cuarto presidente de los Estados Unidos
Presidente durante la Guerra de 1812
Uno de los escritores de Federalist Papers

89 Primer Secretario de Hacienda
Uno de los escritores de Federalist Papers
Ayudó a establecer el Primer Banco de los Estados
Unidos
Asistente del general George Washington

Miembro del Congreso Continental

90 Territorio de Luisiana
Luisiana

91 Guerra de 1812
Guerra México-Americana
Guerra civil
Guerra hispano Americana

92 La Guerra Civil

93. (Batalla de) Fort Sumter
Proclamación de Emancipación
(Batalla de) Vicksburg
(Batalla de) Gettysburg
Marcha de Sherman
(Rendirse en) Appomattox
(Batalla de) Antietam / Sharpsburg
Lincoln fue asesinado.

94 Libera a los esclavos (Proclamación de
Emancipación)
Salvó (o preservó) la Unión
Dirigió los Estados Unidos durante la Guerra Civil
16o presidente de los Estados Unidos
Pronunció el discurso de Gettysburg

95 Libera a los esclavos
Esclavos liberados en la Confederación
Esclavos liberados en los estados confederados

Esclavos liberados en la mayoría de los estados del sur

96. La Guerra Civil

97.14a Enmienda

98.Después de la Guerra Civil
Durante la reconstrucción
(Con la) 15a Enmienda
1870

99: Susan B. Anthony
Elizabeth Cady Stanton
Sojourner Truth
Harriet Tubman
Lucretia Mott
Lucy Stone

100. Primera Guerra Mundial
Segunda Guerra Mundial
guerra coreana
guerra de Vietnam
(Persa) Guerra del Golfo

101.Porque Alemania atacó barcos (civiles)
estadounidenses
Para apoyar a las potencias aliadas (Inglaterra, Francia,
Italia y Rusia)
Oponerse a las potencias centrales (Alemania,
Austria-Hungría, el Imperio Otomano y Bulgaria)

102.1920
Después de la primera guerra mundial
(Con la) 19a Enmienda

103.La recesión económica más larga de la historia
moderna

104 El gran colapso (1929)
Caída del mercado de valores de 1929

105. (Franklin) Roosevelt

106. (Bombardeo de) Pearl Harbor
Japoneses atacaron Pearl Harbor
Para apoyar a las potencias aliadas (Inglaterra, Francia
y Rusia)
Oponerse a las potencias del Eje (Alemania, Italia y
Japón)

107. General durante la Segunda Guerra Mundial
Presidente al final de (durante) la Guerra de Corea
34o presidente de los Estados Unidos
Firmó la Ley de Carreteras de Ayuda Federal de 1956
(Creó el Sistema Interestatal)

108 Unión Soviética
URSS
Rusia

109 Comunismo

Guerra nuclear

110.Para detener la propagación del comunismo

111.Para detener la propagación del comunismo

112.Luchó para acabar con la discriminación racial

113 Luchó por los derechos civiles
Trabajó por la igualdad para todos los estadounidenses
Trabajó para asegurar que las personas "no fueran juzgadas por el color de su piel, sino por el contenido de su carácter"

114.Para expulsar al ejército iraquí de Kuwait

115.Los terroristas atacaron a los Estados Unidos
Los terroristas se apoderaron de dos aviones y los estrellaron contra el World Trade Center en la ciudad de Nueva York
Los terroristas se apoderaron de un avión y se estrellaron contra el Pentágono en Arlington, Virginia
Los terroristas se apoderaron de un avión que originalmente tenía como objetivo Washington, D.C., y se estrellaron en un campo en Pensilvania

116. Guerra (global) contra el terrorismo
Guerra en Afganistán
Guerra en Irak

117.Apache

Blackfeet
Cayuga
Cherokee
Cheyenne
Chippewa
Choctaw
Arroyo
Cuervo
Hopi
Hurón
Inupiat
Lakota
Mohawk
Mohegan
Navajo
Oneida
Onondaga
Pueblo
Seminole
Séneca
Shawnee
siux
Teton
Tuscarora

118 Bombilla
Automóvil (automóviles, motor combustible)
Rascacielos
Avión
linea de ensamblaje
Aterrizando en la luna

Circuito integrado (IC)

119 Washington, D.C.

120 Nueva York (puerto)
Liberty Island [También son aceptables Nueva Jersey, cerca de la ciudad de Nueva York y en el (río) Hudson.]

121. (Porque hubo) 13 colonias originales
(Porque las rayas) representan las colonias originales

122. (Porque hay) una estrella para cada estado
(Porque) cada estrella representa un estado
(Porque hay) 50 estados

123 El estandarte estrellado

124.De muchos, uno
Todos nos convertimos en uno

125.Un día festivo para celebrar la independencia de Estados Unidos (de Gran Bretaña)
El cumpleaños del país

126 El día de Año Nuevo
Día de Martin Luther King, Jr.
Día de los presidentes (cumpleaños de Washington)
Día Conmemorativo
Día de la Independencia
Día laboral
Día de la Raza

Día de los Veteranos
día de Gracias
día de Navidad

127.Un día festivo en honor a los soldados fallecidos en
el servicio militar

128.Un día festivo para honrar a las personas en el
ejército (de los EE. UU.)
Un día festivo para honrar a las personas que han
servido (en el ejército de los EE. UU.)

Made in the USA
Las Vegas, NV
12 February 2021